JN115435

フレンチシックな

サイズとダメージの
お直し

藤本 裕美

HIROMI FUJIMOTO

Contents

- -

74　*Stitch*_ステッチ

（ストレートステッチ、ランニングステッチ、バックステッチ、アウトラインステッチ、ダブルクロスステッチ、フレンチノットステッチ、サテンステッチ、フィッシュボーンステッチ、チェーンステッチ、レゼーデージーステッチ、レゼーデージーステッチ + ストレートステッチ、バリオンローズステッチ、スミルナステッチ、まつり縫い、巻きかがり、ダーニング）、生地裏での糸端の始末の仕方、図案の写し方

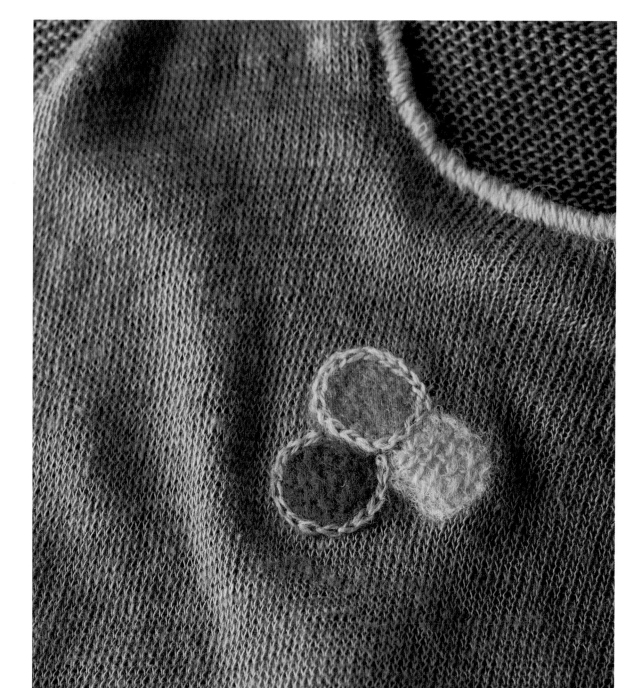

ダメージのお直しの材料

①トレーシングペーパーとチャコペーパー　②刺しゅう糸　③コードレース生地　④刺しゅう枠　⑤丸ビーズ、スパンコール（平丸、亀甲）、
スワロフスキービーズ　⑥糸通し　⑦刺しゅう針、縫い針、まち針　⑧ハサミ（刺しゅう用、糸切り用、生地切り用）　⑨チャコペン　⑩トレーサー

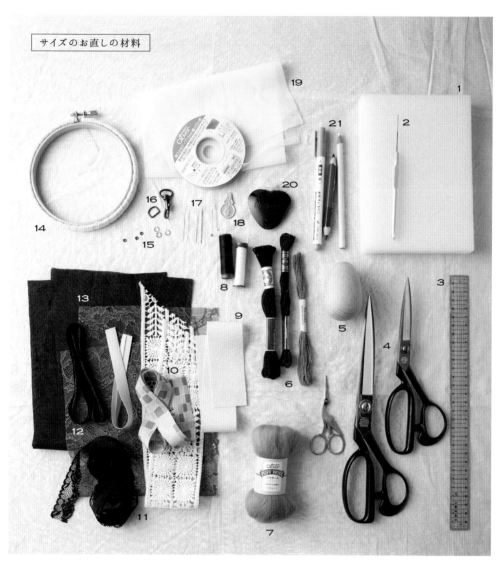

サイズのお直しの材料

①フェルティング用マット　②フェルティング用ニードル　③方眼定規　④ハサミ（生地・レース裁断用、糸切り用）　⑤ダーニングエッグ
⑥刺しゅう糸　⑦羊毛フェルト　⑧手縫い糸　⑨グログランリボン　⑩バイアステープ（両折タイプ）　⑪レース　⑫リボン
⑬生地（リネン、レース地）　⑭刺しゅう枠　⑮ホットフィックス　⑯ナスカン、Dカン　⑰刺しゅう針、縫い針、まち針　⑱糸通し
⑲芯地、伸び止めテープ　⑳チャコナー　㉑チャコペン

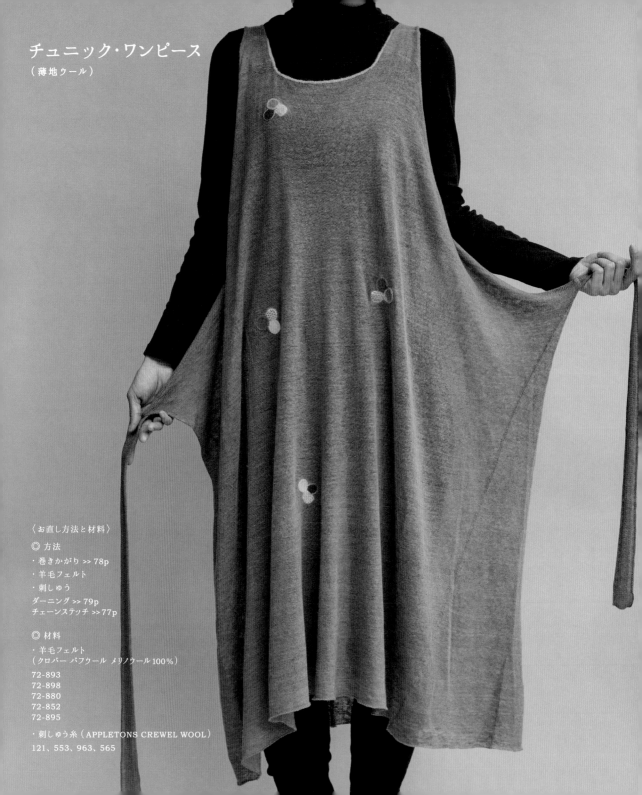

チュニック・ワンピース
（薄地ウール）

〈お直し方法と材料〉
◎ 方法
・巻きかがり >> 78p
・羊毛フェルト
・刺しゅう
ダーニング >> 79p
チェーンステッチ >> 77p

◎ 材料
・羊毛フェルト
（クロバー パフウール メリノウール100%）
72-893
72-898
72-880
72-852
72-895

・刺しゅう糸（APPLETONS CREWEL WOOL）
121、553、963、565

ダメージ：身頃に複数カ所のシミ、首元とアームホールにほつれ

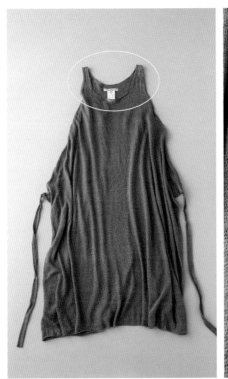 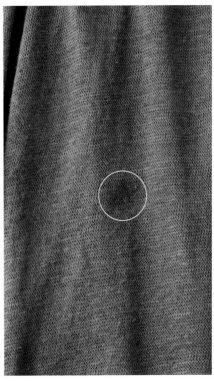

いくつかのシミと、首元・アームホールにほつれがありました。シミ部分には円
を3つくっつけたモチーフを刺しています。羊毛フェルトをニードルで刺した上
からダーニングとチェーンステッチを重ねて、ふんわりとさせました。色が重な
り合ってできているモチーフは楽しげで可愛らしいです。首元とアームホールの
ほつれは、ぐるりと巻きかがりをしています。

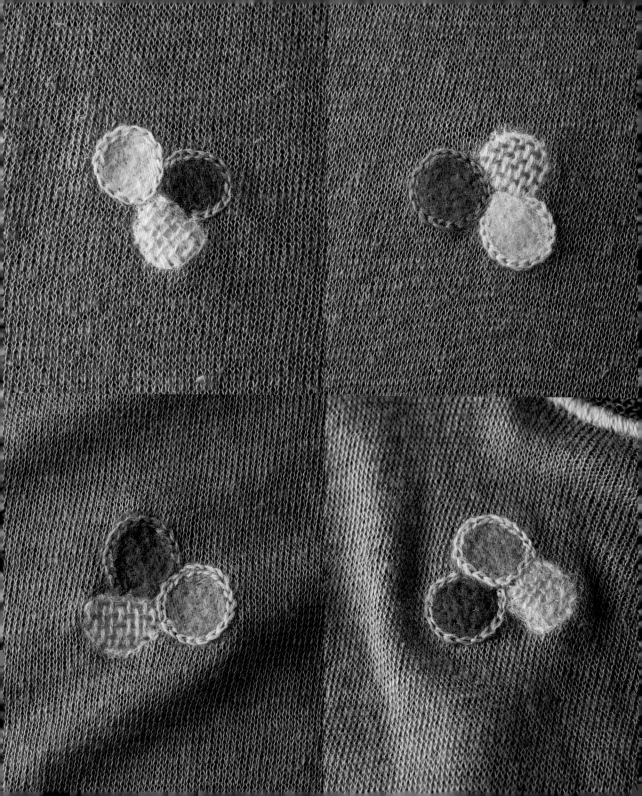

1 作業用マット → フェルティング用マット → 生地の順に
重ねる。
前身頃、後ろ身頃の生地が2枚重ならないように、
間にフェルティング用マットを入れる。
汚れや穴の上に適量にちぎった羊毛を置きニードルを
垂直に刺す。

— 生地
— フェルティング用マット
— 作業用マット

2 3つの円で汚れやほつれ部分を刺していく。
それぞれの色ごとに円を描くように羊毛フェルトを針先で
中央に集めながら刺していく。
刺し進めるうちに羊毛フェルトとフェルティグ用マットが
くっついてしまうことがあるので、確認し、マットをずらし
ながら作業する。

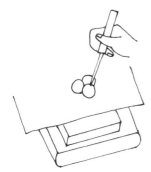

3 カラー羊毛フェルトのまわりを反時計回りにチェーンステッチ
をし、生地と羊毛フェルトを固定していく。

a　チェーンステッチを
1周：刺し終わりは始め
のステッチをすくい出した
針のキワに刺し入れる。

b　チェーンステッチを
半周：刺し終わりは
チェーンのキワに針を
入れてとめる。

4 羊毛フェルトの上に粗めのダーニングを刺し、生地と羊毛フェ
ルトを固定していく。縦糸にaで使った色の糸、横糸にbで
使った色の糸を使う。

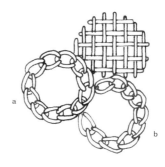

a

b

5 首元やアームホールのほつれ部分は巻きかがりで補強する。

ツイードジャケット
（コットン×ウール）

〈お直し方法と材料〉

◎ 方法
・まつり縫い >> 78p
・刺しゅう
文字：バックステッチ >> 76p、フレンチノットステッチ >> 76p
サクランボ：バックステッチ >> 76p、サテンステッチ >> 76p
星：バックステッチ >> 76p
ハート：バックステッチ >> 76p
音符：バックステッチ >> 76p、サテンステッチ >> 76p
四つ葉：レゼーデージーステッチ＋ストレートステッチ >> 77p、バックステッチ >> 76p

◎ 材料
・サテンバイアステープ両折13mm幅（Top Lady シルクライン 124）
・伸び止めテープ（クロバー、白10mm幅）
・刺しゅう糸（すべてDMC25）

文字：844
サクランボ：321
星：18
ハート：3712
音符：07
四つ葉：581

ダメージ：裏地の襟部分に汗じみ

ジャケット裏地の襟元部分がぐるりと汚れていました。表地の色に合わせたバイアステープを使ってお直しすることにしました。バイアステープには持ち主へのメッセージをフランス語で刺しゅうしています。脱ぎ着するときにちらっと見える刺しゅうによって、さらに高級感がプラスされました。二人にだけわかるメッセージによって、特別な1着となるお直しです。

La vie est belle（人生は美しい）

J'aime le temps des Cerises（サクランボが実る季節が好き）

Bisou（またね）

Merci（ありがとう）

Petit à petit l'oiseau fait son nid
（小さな努力を惜しまずに続ければ成就する）

1 見返し端の長さを測る（a cm）。

❶ a＋15cmぐらいの長さ
の両折りバイアステープ
を用意する。

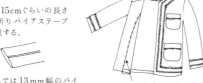

※ここでは13mm幅のバイ
アステープを使っていますが、
シミが隠れる幅のものを選
んでください。

見返し端（a）：生地と裏地
との縫い合わせの長さ。

❷ 両折りの部分を広げる。

裏面

❸ バイアステープの中央に伸び止めテープを置き、できるだけバイ
アステープの両折り部分を伸ばさないようにアイロンの先を使って
伸び止めテープをはる。

伸び止めテープ

❹ バイアステープの折り目をしっ
かりつけるために、再度アイロン
をかける。今回はバイアステープ
を2つ折りせず、平らな状態で使
用する。

2 バイアステープを二等分した位置（b）
が、首元の後ろ中心（B）に合うように
する。

3 （B）と（b）の位置が縫い合わさることを意識して文字デザイ
ンを写していく。

4 後ろ中心に入れる文字を決めたらバイアステープを見返し端
ライン1の（a）にそわせ、刺しゅうを入れたい場所を決めて、
デザインを写していく。

5 バイアステープの縫い代を折り曲げたままバイヤステープを引っ
張りすぎないように刺しゅうをする。

6 リボン（b）と身頃（B）を合わせて、見返し端ライン（a）にそっ
てまち針で止めていく。

7 リボンの端はバイアステープの内側に折り曲げ、表からは見え
ないようにする。

見返し　裏地

8 リボンと身頃を表にひびかないように、ぐるりとまつり縫いする。

〈 フランス語 〉　※原寸は230％拡大

La vie est belle（人生は美しい）

La vie est belle ♪

J'aime le temps des Cerises（サクランボが実る季節が好き）

J'aime le temps des Cerises ♫

Bisou（またね）

Bisou ♡

Merci（ありがとう）

Merci ☆

Petit à petit l'oiseau fait son nid（小さな努力を惜しまず続ければ成就する）

Petit à petit l'oiseau fait son nid ♒

丸首ニット
（カシミヤ）

〈お直し方法と材料〉

◎方法

・刺しゅう
アウトラインステッチ >> 76p
ストレートステッチ >> 76p
フレンチノットステッチ >> 76p

◎材料

・刺しゅう糸（APPLETONS CREWEL WOOL）
茎、葉：545
花：552、553、844

ダメージ：右袖後ろに虫くい

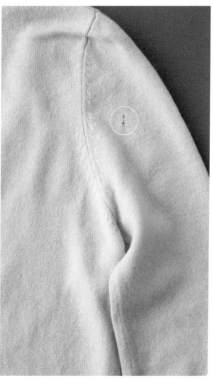

後ろ側の袖部分に虫くいの穴がありました。薄いグレーだったので、春先に着る
イメージが浮かんできました。春の訪れを教えてくれるミモザ（黄色）は、グレー
との相性も良く素敵なモチーフです。穴あき部分に比べて刺しゅう範囲が広くな
りましたが、ミモザの木の、あのボリュームが表現できたと思います。

1　穴のまわりに細かいランニングステッチをして穴をふさぐ。上からモチーフの刺しゅうをするので、粗めのふさぎ方でも大丈夫。

図案（原寸）

糸を引く

裏面に糸を入れて糸始末
をし、穴をふさぐ。

2　ふさいだ穴の上に花の部分がくるように図案を写す。ウールなど、写すことが難しい素材のときは、茎と葉のガイドラインだけ写す。

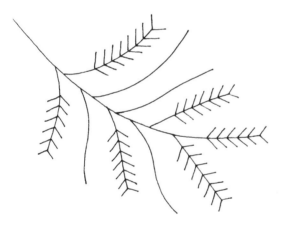

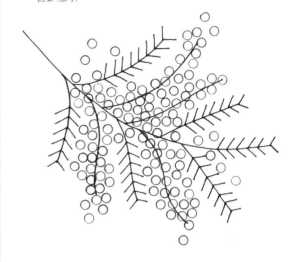

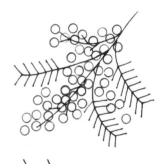

3　❶茎のラインをアウトラインステッチ（1本取り）で刺す。

❷葉をストレートステッチ（1本取り、2回）で刺す。

❸花を茎の間をうめるようにフレンチノットステッチ（2本取り、2回巻き）で刺す。
　メインの明るい黄色（青い○553）→ 薄い黄色（赤い○552）→ 濃い黄色（黒い○844）の順で色に陰影をつけながら刺していくと立体感が出る。

○ 553
○ 552
○ 844

ワイドパンツ
（リネン）

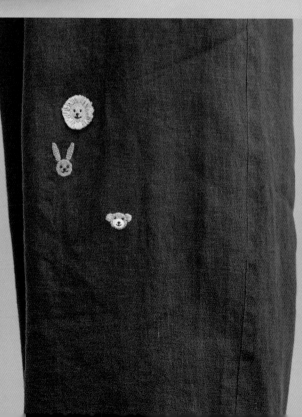

〈お直し方法と材料〉

◎方法：刺しゅう

◎材料：すべてENNESTE 草木染め刺しゅう糸（DMC25 3本分の太さ）

・ライオン
顔部分：ダーニング >> 79p、福木
目と鼻：サテンステッチ >> 76p、百日紅
くち：バックステッチ >> 76p、百日紅
たてがみ：スミルナステッチ >> 77p、福木

・ウサギ
顔部分：ダーニング >> 79p、アボカド
耳：チェーンステッチ >> 77p、アボカド
目：フレンチノットステッチ >> 76p、百日紅
鼻：サテンステッチ >> 76p、百日紅
くち：バックステッチ >> 76p、百日紅

・クマ
顔部分：ダーニング >> 79p、栗イガ
耳：サテンステッチ >> 76p、栗イガ
鼻：サテンステッチ >> 76p、百日紅
目：サテンステッチ >> 76p、百日紅
くちまわり：チェーンステッチ >> 77p、エンジュ
くち：バックステッチ >> 77p、百日紅

・ラベンダー
茎：アウトラインステッチ >> 76p、藍＆福木
葉：ストレートステッチ >> 76p、藍＆福木
花：レゼーデージーステッチ＋ストレートステッチ >> 77p、
　　コチニールと桜落葉

・カモミール
茎：アウトラインステッチ >> 76p、藍＆ハルジオン
葉：ストレートステッチ >> 76p、藍＆ハルジオン
花芯：サテンステッチ >> 76p、福木
花びら：レゼーデージーステッチ＋ストレートステッチ >> 77p、コチニール

ダメージ：前面と裾にシミ

前身頃に３カ所のほつれ、裾部分にシミがありました。これから先もほつれたり、穴があいたりするたびに、刺しゅうの動物が増えていったら可愛いかも……と思いながらお直しをしました。自然の中で動物が遊んでいるイメージで、裾には草花を刺しゅうしました。

図案（原寸）

・ライオン

1 穴部分を丸くダーニングする。ここでは 15mm の円。

2 1の円のまわりにすき間なく3回円を描くようにスミルナステッチをする。

3 糸の向きを整えてからスミルナステッチのループの長さが 7mm に均等になるようにカットする。糸がかたまったままカットすると、糸の長さがまちまちになるので注意。

4 原寸大サイズを参考に目と鼻をサテンステッチ、くちをバックステッチで刺していく。

・ウサギ

1 穴部分を丸くダーニングする。ここでは 14mm の円。

2 耳の外枠をチェーンステッチで形どり、内側を埋めるようにチェーンステッチを刺す。最後は裏側に糸を出し始末する。

3 原寸大サイズを参考に目をフレンチノットステッチ（2回巻き）で刺す。鼻はサテンステッチ、くちはバックステッチで刺していく。

・クマ

1 穴部分を丸くダーニングする。ここでは 14mm の円。

2 くちのまわり（外枠）を1で刺したダーニングの上からチェーンステッチで形どっていく。円を描きながら内側を埋めるように中心まで刺す。中心から裏側に糸を出し始末する。

3 原寸大サイズを参考に、目、耳、鼻はサテンステッチ、くちはバックステッチで刺していく。

・ラベンダーとカモミール

1 刺しゅうを入れたい部分の形をトレーシングペーパーに写す。このとき裾ライン、脇ラインなどのガイド線と汚れの位置もマーキングする。

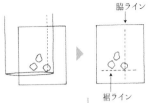

脇ライン

裾ライン

2 汚れが隠れるデザインを考える。

3 図案を生地に写す。

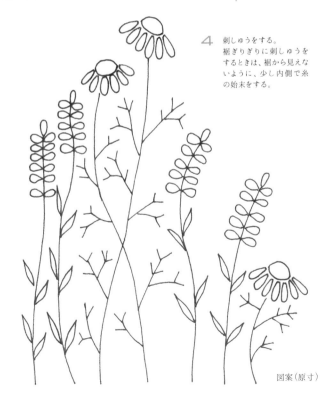

4 刺しゅうをする。裾ぎりぎりに刺しゅうをするときは、裾から見えないように、少し内側で糸の始末をする。

図案（原寸）

12枚はぎのスカート
（コットン、サテン、ベルベット etc 異素材コンビネーション）

〈お直し方法と材料〉

◎ 方法
・まつり縫い ≫ 78p
・スパンコールの縫い付け
・スパンコールとビーズを合わせた縫い付け
・スワロフスキービーズの縫い付け

◎ 材料
・コードレース生地（コード刺しゅうで
花柄がデザインされているもの）
・スパンコール
（TOHO ウオッシャブル　平丸4mm　11、亀甲5mm　11）
・デザインスパンコール
（Miyuki HC124　ソレイユ4mm　112）
・スワロフスキービーズ
（5020 6mm クリスタル、5000 4mm クリスタルサテン）
・丸ビーズ
（TOHO 丸小2mm　49）

ダメージ：レース部分に破れ

色々な素材（生地）が接ぎ合わされたスカートです。花柄レース部分が破れていました。元のイメージを崩さないよう、同じような花柄のコードレース生地の上からスパンコールとスワロフスキービーズを刺し、それを縫い付けてお直しをしました。動くたびに光の加減でクリスタルの輝き方が変わって、より華やかな1枚になりました。

花モチーフ（原寸）

1 穴を隠せるサイズのコード刺しゅうでできた花モチーフの生地を用意する。

2 花モチーフ（大、小）に刺しゅうする。

・花モチーフ（大）

❶ コード刺しゅうでできた花モチーフの内側花びら部分に平丸スパンコールとデザインスパンコールをバランスを見ながら刺していく。中心から12mmぐらいのところまで刺す。

❷ 平丸スパンコールと同じ要領で亀甲スパンコールを中心に向かって刺していく。このとき中心に7〜10mmぐらいの円形の隙間を残す。

❸ 中心部分にスワロフスキー（5020クリスタル）1つと、（5000クリスタルサテン）2つを縫い付ける。

❹ 糸は裏側で始末する。

・花モチーフ（小）

❶ 花びらの外側から中心に向かって刺していく。コード刺しゅうのキワ①からに針を出す。

❷ スパンコール（亀甲）→丸小ビーズ→スパンコール（亀甲）→丸小ビーズ→スパンコール（亀甲）→ 丸小ビーズの順に通す。モチーフの大きさにもよるが、スパンコールとビーズを交互に通し、最後はビーズで終わる。

❸ 花の中心に向かってビーズとスパンコールがアーチを描くように刺す。このとき花の中心に5〜7mmぐらいの隙間を作るように、少し手前に針を入れる。

❹ 裏側で糸始末をする。

❺ ❶〜❹を花びら分繰り返す。

❻ 中心部分にスワロフスキー（5000クリスタルサテン）を3コ縫い付ける。

3 コード刺しゅうのコードを切らないようにモチーフの1〜2mm外側をカットする（赤い点の線）。

4 穴のあいた場所が隠れるように大小レースのモチーフをまち針で固定し、レースと花モチーフをまつり縫いで縫い付ける。

＜スパンコールの縫い付け方＞

1 糸を玉止めして布の裏から表に針を出し（①）、スパンコールの表面から針に通し（②）、①の位置からスパンコールの半径分を戻って生地に刺す（③）。

2 スパンコールを刺したい方向に、スパンコール半径分先のところに針を出す（④）。1と同じようにスパンコールの表面から針を通して（⑤）、半径分戻ったところ（①と同じ）⑥に針を刺す。

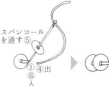

3 ④〜⑥を繰り返す。

＜ビーズ、スワロフスキーなど2つ穴のモチーフの縫い付け方＞

1 糸を玉止めして、布の裏から表に針を出し（①）、ビーズを通してビーズの大きさ分先に針を入れる（②）。

2 ①出と同じところから針を出す（③）。ビーズの穴にもう一度通す。

3 ②入と同じところから針を入れて（④）裏で糸始末をする。ビーズに2回糸を通し、しっかり固定する。

アンティークのシャツ
（厚地リネン）

〈お直し方法と材料〉

◎方法
・巻きかがり >> 78p
・刺しゅう
茎：パラレルステッチ >> 33p
葉：フィッシュボーンステッチ >> 76p
花：フレンチノットステッチ >> 76p、
　　バリオンローズステッチ >> 77p

◎材料
・伸び止めテープ
・刺しゅう糸（すべてDMC25）
襟ぐり：407、522、3021
花：茎、葉　3051
　　花芯　834
　　花　3865

ダメージ：襟元の破れ

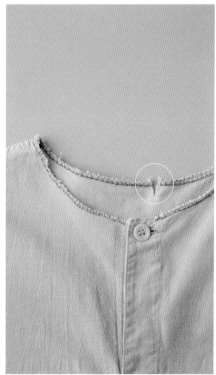

フランスの蚤の市で買ったという古着のリネンシャツです。前の持ち主がお直し
をしたと思われる襟元もほつれかかっていました。色んな人がお直しをしながら
引き継がれてきたシャツです。これからも着続けてもらえるように、しっかりと
巻きかがりで補強しました。後ろの襟元にはバラを半立体で刺しました。懐かし
さと可愛らしさを楽しんでもらえるように。

1　襟ぐりの裏側に伸び止めテープをはる。伸び止めテープは巻きかがりステッチの幅を考え、ステッチからはみ出さないテープ幅のものを選ぶ。

2　襟ぐりに巻きかがりステッチ（3本取り）をして、襟元の伸びやほつれた部分を補強する。

3　襟ぐりにできた裂け部分の裏面に4mm幅にカットした伸び止めテープをはる。裂けた部分が芯地の中心にくるようにはる。

4　裂けた部分の表面から、同じ針目で隙間ができないようにパラレルステッチ（3本取り）を刺す。これが茎になる。

②入

③出

①出

5　葉をフィッシュボーンステッチ（3本取り）で刺す。

6　花芯部分に5mmぐらいの円を書く。

7　円のまわりにバリオンローズステッチ（4本取り、13回巻き）を3回、さらにそれを囲むようにバリオンローズステッチ（4本取り、15回巻き）を4回刺す。

8　6であけた隙間にフレンチノット（6本取り、1回巻き）を5回刺す。

図案（原寸）

プリーツスカート
（サマーウール）

〈お直し方法と材料〉

◎方法
・ホットフィックスを付ける
・ビーズを付ける
・刺しゅう：バックステッチ >> 76p、フレンチノットステッチ >> 76p、
ダブルクロスステッチ >> 76p

◎材料
・ホットフィックス
ss30（6mm クリスタル）、ss20（5mm クリスタル）、
ss16（4mm クリスタル）、ss16（4mm エメラルド）、
ss16（4mm トパーズ）
・刺しゅう糸
DMC MOULINÉ（E168）
DMC DIAMANT GRANDÉ（G225）
・ビーズ
丸小ビーズ（2mm シルバー）

ダメージ：プリーツ部分に複数の虫くい

1カ所だと思っていた虫くいが、実際には何カ所にもありました。点々とした穴が星のように見えたので、銀河をイメージして刺しました。小さな穴はホットフィックスでふさいで星に見立てています。銀河はプリーツの奥にも広がっているので、動くたびに雰囲気が変わります。持ち主の生まれ月（ふたご座）も刺しゅうしました。

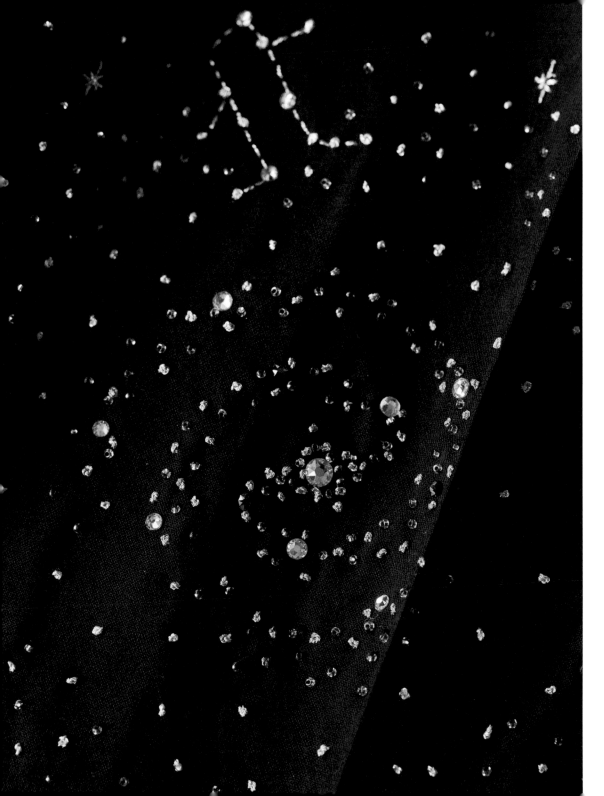

〈 お直し工程 〉

1 穴の裏面から、穴の大きさ
よりも少し大きくカットした
芯地をはって穴をふさぐ。

2 穴の大きさが隠れるサイズ
のホットフィックスを選ぶ。

3 穴の表面から**2**で選んだホットフィックスを穴をおおうように置
く。その上から当て布をしてドライアイロンで押さえつけるよう
に、均等な力で圧着する。アイロンを滑らせるように動かすと
ホットフィックスがずれる場合があるので注意。
ホットフィックスは生地によって適正温度、付き方が違うので、
生地の裏面や縫い代部分などで試し付けをしてから使用する。

4 ホットフィックスを星に見立てて、銀河や星座などのデザインを
考えて刺しゅうを加える。

ホットフィックス　　　　　あて布
　　　　　　　　　　　　　生地
　　　　　　　　　　芯地

・銀河

❶ 一番大きな穴（○）。ここでは6mmのホット
フィックスを使用した部分を銀河の中心に見立
てる。

❷ 左右対称の位置（a）と（b）から渦のガイドラ
インを書く。

❸ 中心のホットフィックスのまわりや、渦のガイ
ドライン上は細かい間隔で星屑を刺す。

❹ 渦の中心から外に向かうにつれて、ステッチ
の間隔を広げていく。

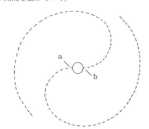

・星座

離れた位置に穴があった場合には星座を刺
しゅうしてみる。星と星の間はバックステッ
チでつなぐ。星の大きさによってホットフィッ
クスの色やステッチを変える。

・大きめの星 ○（青）→カラーのホットフィッ
クス（4mm）

・中くらいの星 ○（黒）→クリスタルのホッ
トフィックス（4mm）

・小さめの星 ●（黒）→ DMC MOULINÉ
（E168）／フレンチノットステッチ（3本取
り、2回巻き）

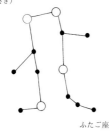

ふたご座

・星屑

○（黒）丸小ビーズ
○（赤）DMC MOULINÉ（E168）／フレンチノットステッチ（3本取り、1回巻き）
○（青）DMC DIAMANT GRANDÉ（G225）／フレンチノットステッチ（3本取り、1回巻き）

・星 DMC DIAMANT GRANDÉ（G225）／ダブルクロスステッチのアレンジ

❶ 縦の糸を長め
に、横の糸をや
や長めに刺す。

❷ 糸がクロスしているき
わから針を出し（①出）、
対角線上になる位置に針
を入れて、糸を固定する
（②入）。

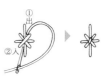
①出
②入

ホットフィックス（図案内の数字4〜6はサイズmmをあらわす）

○（青）トパーズ
○（赤）エメラルド
○（黒）クリスタル

図版（285%拡大して使用）

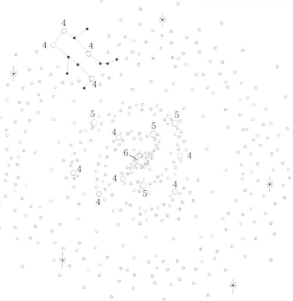

メンズのダッフルコート
（厚手ウール）

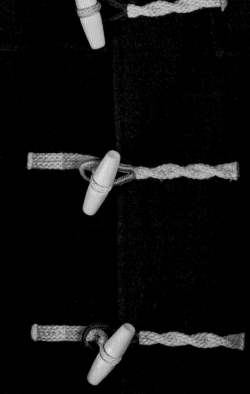

〈お直し方法と材料〉

◎方法
・マクラメ編み

◎材料
・刺しゅう糸（すべてDMC25、6本取り）
154、3011、938、823
※トグル1つお直しするのに1m65cm
使用。トグルの大きさによって必要な
量が変わるので注意。
・補強用の糸
DMC4 2310

ダメージ：トグル紐のすり切れ

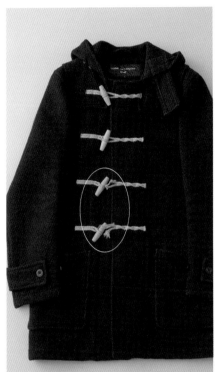

ダッフルコートのトグル紐がすり切れていました。どうやってお直しをするか、
とても悩みました。部材を交換するのではなく、元の素材をいかしたデザインと
してお直ししたかったので、マクラメ編みでトグル紐部分を補強することにしま
した。シックで大人っぽい雰囲気にしたいと思いながら糸の色を選びました。

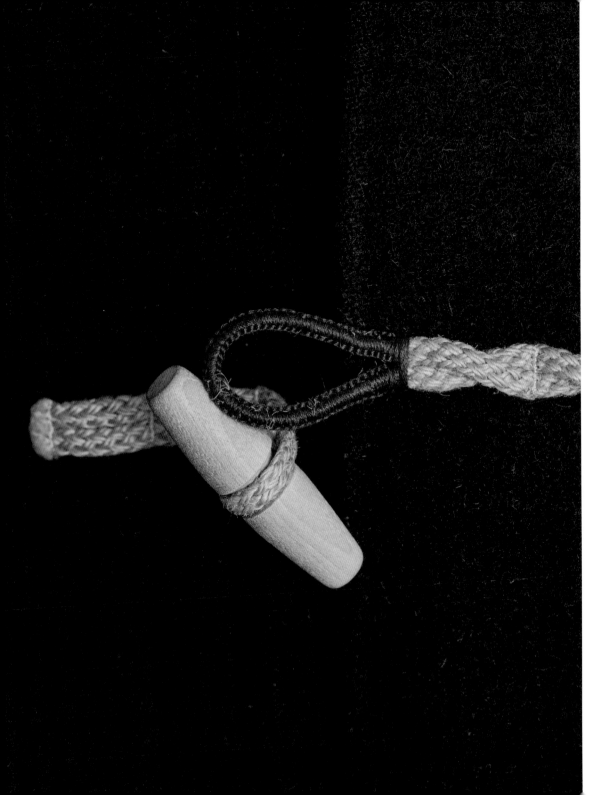

1 すり切れたトグル紐の部分を補強する。

❶トグル紐の長さを測る。(a)から(b)の長さ(★cm)。

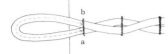

❷トグル紐の補強したい部分(a)から針を出す。

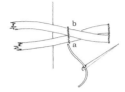

❸(b)から針を入れ、(a)から針を出す。このとき、糸の長さは元のトグル紐と同じ長さ(★cm)にする。

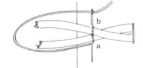

❹❸を3〜4回繰り返し、すり切れたトグル紐の先が3〜4重になるよう補強する。

3〜4重
補強する

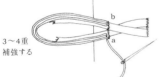

❺くり返しトグル紐部分を補強したら(b)から針を入れ(a)から針を出す。

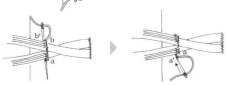

❻(a)の真横(a')から針を入れ、(b)から針を出す。

❼(b)の真横(b')から針を入れ(a)から針を出す。(a')から裏に針を通し糸始末をする。

2 補強した糸を中心にして(a)側から(b)側に向かって糸を編んでいく。

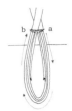

❶〜❽を繰り返し(b)まで編む。

 ❶

 ❷

 ❸

 ❹

 ❺

 ❻

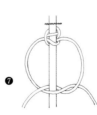 ❼

 ❽

3 (b)まで編み終わったら糸端をそれぞれ針に通し、裏に出し、糸が抜けないようにしっかりと糸始末をする。

マチなしのミニバッグ
（コットン）

〈お直し方法と材料〉

◎方法
・持ち手の長さの変更
・肩掛け紐のアレンジ

◎材料
・肩紐用リボン〈A〉：MOKUBA 1509S
5mm幅 3
※持ち手110cmぐらいの紐を作るのに、
410cm程度のリボンを使用。
・肩紐用リボン〈B〉：DARIN
132-800 10mm幅 005
・Dカン 山高 10.5mm B/N
・ナスカン 12mm幅 クロN

ダメージとサイズ：持ち手の汗じみと短さが気になる

持ち手の汗じみが気になっていたそうです。汚れた部分をカットして持ち手の
長さを変え、肩掛けバッグとしても使えるようにアレンジしました。肩掛けのひも
はナスカンで取り外しができるので、2wayで楽しめるバッグになりました。

1 持ち手の汚れを確認し、長さを決める。
汚れ部分が縫い代で隠れるのはOK。確認して目印をつけておく。
※汚れ部分が大きくて、お直ししても隠せない場合は、持ち手をなくした肩掛けバッグにしてもOK。

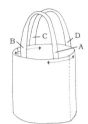

2 持ち手をほどく。
全体をほどくと持ち手の位置が合わせにくくなるので B と D は固定。
A と C の持ち手から横脇の縫い目 2〜3cm のあたりまでほどく。

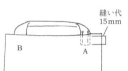

3 1で決めた持ち手の長さ
＋縫い代15mmをプラスしてカットする。

4 元あった持ち手の位置
（A と C）に合わせて、まち針で固定する。

縫い代
15mm

5 肩掛けバッグ用のDカンを横脇の縫い目につける。

❶ リボン〈B〉5cm を2枚用意し、リボンにDカンを通し、2つ折りにする。

5mm

❷ Dカンがズレないように5mmぐらいのところをミシンまたは手まつりで縫う。

❸ 横脇の縫い目をまたぐようにDカンを合わせて、まち針で固定する。

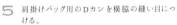

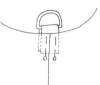

6 裏地を表地にそわせて、持ち手とDカンがズレないように、表側から端ミシンをかける。

7 肩掛けリボンを三つ編みで作る。

❶ 同寸にカットしたリボン〈A〉を隙間ができないように3本並べて先を固定する。

A B C

❷ A を B の上に重ねるように交差させる。

A B C

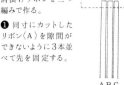

❸ C を A の上に重ねるように交差させる。

B A C

❹ B を C の上に重ねるように交差させる。

B C A

❺ 外から中へ、外から中へと常に端側のリボンが中央にくるように、繰り返し交差させ、ねじれないように編み込んでいく。

C B A

ねじれないよう必要な長さまで編み込んでいく。

C A B

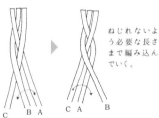

8 ねじれている部分（a）と（b）をくずさないようにミシンをかけて固定する。

→ それぞれに縫い代を7mm プラスしてカットする。

a

b

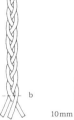

9 三つ編みリボンの両端を始末する。

❶ リボン〈B〉を2枚用意する。

❷ 三つ編みリボンと、リボン〈B〉を中表に合わせて10mmのところをミシンで縫い、リボン〈B〉を返す。

10mm

❸ 三つ編みの端をくるみ、表面からリボン〈B〉の端に落としミシンをする。

落としミシン

5mm の差ができる

10 三つ編みリボンをナスカンのDカン部分に結びつける。
結び目で紐の長さを調整する。
バッグのDカンにつけて使う。

クルーネック・Tシャツ

（コットン）

〈お直し方法と材料〉

◎方法
・裾を短くする
・刺しゅう：パラレルステッチ >> 33p

◎材料
・バイアステープ両折 20mm
（CHECK & STRIPE Palazzo J19B）
・刺しゅう糸（SAJOU コットン100%）
2242、2471、2705
・伸び止めテープ 10mm幅

着たときのバランスがしっくりくるように Tシャツの着丈を短くしたい、ということでした。着やすさを考えて脇にスリットを入れました。襟ぐりと裾にはバイアステープを使ってパイピングし、華やかなイメージになりました。テープの一部には同色の刺しゅうを加えています。持ち主が気づいたときの笑顔を想像しながら刺しました。

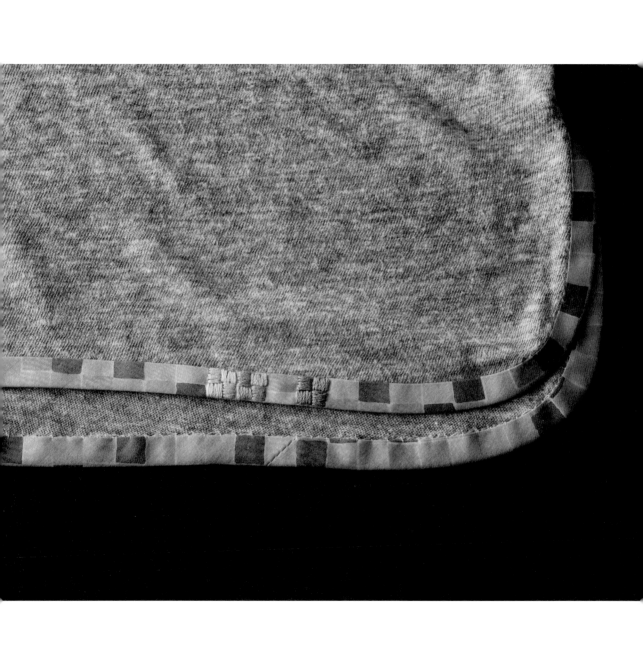

〈裾〉

1 前身頃と後ろ身頃の裾を2枚一緒に合わせる。カットしたい分量（●cm）を決めて印をつけて、2枚ズレないようにカットする。

2 脇にあきみせを作る。
あきみせ分量（△cm）を決めて、両サイドの縫い目をほどく。

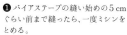

3 脇のあきみせ分量（△）と同寸（▲）を裾にマークする（a）。
脇をほどいた点（b）と（a）がつながり良くなるような緩やかな曲線を書く。
※バイアステープで裾をお直しするので、角度のきついカーブよりも緩やかなカーブのほうがお直ししやすい。

4 裾のカーブをトレーシングペーパーで写して、カーブ部分をカットし、反対側の脇に反転させてカーブを写す。

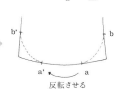

反転させる

5 2枚がズレないようにカーブをカットする。

6 裾から1cm内側の寸法のバイアステープが必要になる。必要寸法＋縫い代分を用意する。

Tシャツ（裏）

1cm

7 バイアステープの縫い始めは1cm幅の縫い代で45度のバイアスに折り曲げておく。

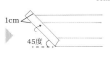

1cm

45度

8 Tシャツとバイアステープが中表になるように合わせて、まち針でとめていく。

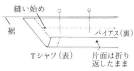

縫い始め
裾
バイアス（裏）
Tシャツ（表）
片面は折り返したまま

9 両端が折れているタイプのバイアステープを使うので、テープの折り線に合わせて直線縫いをしていく。

10 カーブの縫い方
❶カーブ部分はバイアステープをいせこみ気味に縫い付ける。

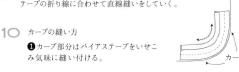

カーブ

❷裾できあがり寸法のほうが❶の縫い目よりも長いため❶でいせこみ気味に縫った分量を、少し伸ばし気味にカーブにあわせてつける。

①縫い目
裾できあがり寸法

11 縫い終わりの始末
❶バイアステープの縫い始めの5cmぐらい手前まで縫ったら、一度ミシンをとめる。

5cmぐらい

Tシャツ（表）

❷バイアステープの始めと終わりがつながるようにし、始まりの折り線と同じように斜めに折り目をつける。

1cm

Tシャツ（表）

❸折り目に縫い代を1cmプラスしてカットする。

縫い終わり

❹縫い代手前まで縫う。

❺縫い代を2枚合わせて縫い合わせる。

❻縫い代に割りアイロンをかけてバイアステープから出ている余分な布はカットする。

12 バイアステープを表に返し、アイロンで縫い目を整える。

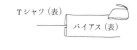

Tシャツ（表）
バイアス（表）

13 バイアステープを2つ折りにして裾の布端をくるむようにアイロンをかける。

Tシャツ（表）

14 ワンポイント刺しゅうを入れる場所の裏面に、モチーフより少し大きめにカットした伸び止めテープ（1cm幅）をはる。

15 柄にそってパラレルステッチで四角いモチーフを刺しゅうする。
このときTシャツの生地を巻き込まないように、バイアステープが1枚になるように広げて刺しゅうをする。

0.5cm幅のパラレルステッチを重ねて四角いモチーフを刺す。

Tシャツ（表）
折り目をひろげる

図案（原寸）

Tシャツ（裏）

16 再度バイアステープをアイロンで13のように整えて裾をくるむ。Tシャツの裏側から表にひびかないようにまつり縫いをする。

17 脇の縫い目の始末
❶縫い代は後ろ身頃側に倒して縫い込む。

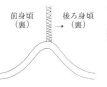

前身頃（裏）　後ろ身頃（裏）

❷脇線で2つ折りにする。
横に飛び出したバイアス裾部分に、脇のラインの延長線となるラインを印づけてミシンで縫い合わせる。

❸アイロンで縫い目を倒して、表に返し、整える。

表

裏

＜首回り＞

1　Tシャツのパイピングラインにそって、バイアステープ
　を中表に合わせてまち針でとめる。

内カーブのパイピングの付け方

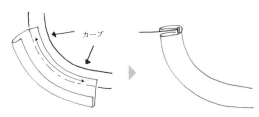

カーブ

❶内カーブは軽く引っ張りなが
　ら、伸ばし気味につける。

❷首元の内カーブにそわせるよ
　うに縫い付ける。

※❶で伸ばして付けておかない
　と、このときに内側がだぶつく
　ので注意する。

2　バイアステープの折れ線上をミシンで縫う。

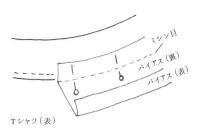

ミシン目

バイアス（裏）

バイアス（表）

Tシャツ（表）

3　バイアステープを表に返してアイロンで縫い目を整える。

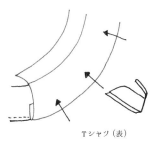

Tシャツ（表）

4　ここでは裾で使ったパイピングテープを使う。
　中心は折り曲げない。
　もう一方の縫い代を0.5cmに折り曲げ、首元をくるむ。

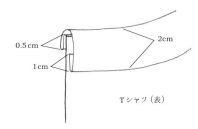

0.5cm

2cm

1cm

Tシャツ（表）

5　首元にそわせたバイアステープを表にひびかないように、
　まつり縫いする。

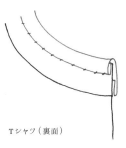

Tシャツ（裏面）

Vネックニット
（コットン）

〈お直し方法と材料〉

◎方法
・Vネックの調整

◎材料
・レース6cm幅（リゼッタ セシリアレース ブラン）
・リネンの生地

サイズ：Ｖネックのあきが気になる

　深いＶネックデザインが流行ったときによく着ていたのだそうです。今はあきが
深すぎて着る機会がなさそうでした。幅広のレースを２段重ねて、あきのボリュー
ムを調整し、１枚で着れるように黒い布を裏からあてています。黒を入れたこと
でレースの模様が際立ち、全体も引き締まりました。

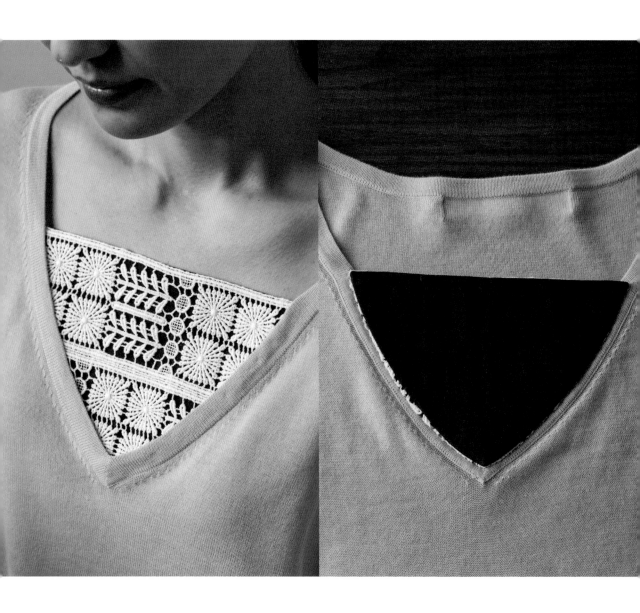

1 レースを足す分量を決める。
●cm＋1〜2cmぐらいの
幅のレースを用意する。幅
広レースがない場合は、細
いレースをたてまつり縫い
（78p）で継いで幅広にして
もよい。

細いレース　　　幅広へ

←たてまつり縫い

2 レースの下にあわせる生地のパター
ンを作る。

Vネックの先から●cmの所にレース
を仮置きし、Vネック先から同寸
△cmになるAとA'を見つける。
レースを仮どめし、胸のあき具合、
肩の落ち具合を確認する。

3 仮どめしたレースは外さ
ずにVネックの形をトレー
シングペーパーで写す。

4 Vラインには1.5cm（ニッ
トとの重なり分0.8cm＋
縫い代0.7cm）をプラス
する。

1.5cm

レースのパターン

5 首元の（a）はわにする。（a）のライン で4
のパターンを反転させてカットする。

※トレーシングペーパーを（a）で折り曲げ、
2枚一緒にパターンをカットしても良い。

反転
aわ
地の目

土台の生地パターン
Vネック先とVネック先
をつないだラインが生
地の地の目になる。

6 土台の生地、レースともに1枚ずつカットする。

7 土台の生地の半面にレースを重ねる。
（a）のラインでレースをたてまつり縫いで固定する。

レース
（表面）

8 （a）のラインで中表になるように
2つ折りし、まわりを0.7cmで縫
う。あとで生地を表に返すので
一部6〜7cmぐらいの隙間をあ
ける。

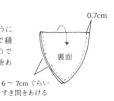
0.7cm
裏面
6〜7cmぐらい
すき間をあける

9 8の隙間から生地を表に返す。このときレースが一番上にな
るようにする。隙間は手まつりで閉じる。

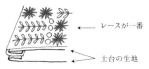
レースが一番
土台の生地

10 3でトレースしたVネックの
形よりも0.8cm大きな胸当て
のレース布が出来上がる。

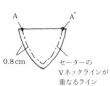
A A'
0.8cm
セーターの
Vネックライン が
重なるライン

11 セーターの（A）と（A'）にレース端がくるようにレー
ス布をあわせて、セーターのVネックラインとレース
布が0.8cm重なるようにしっかり固定する。

A A'

12 裏返しにし、セーターの裏側から表にひびかないよ
うに、まつり縫いでセーターとレース布を縫い合わ
せていく。

54 | 55

細かいプリーツスカート

（サマーウール）

〈お直し方法と材料〉

◎方法
・スカート丈つめ
・まつり縫い >> 78p

◎材料
・レースリボン 22mm幅
（MOKUBA 67502C 3）

ウエストがゴムのプリーツスカートです。丈を短くしたいということでしたので、
裾をカットすることにしました。お直し方法としてはシンプルですが、プリーツ
の幅が狭く細かいのでレースをつけて楽しく華やかな雰囲気にしました。オフホ
ワイトのレースでも素敵だと思います。

1 ❶スカートの丈を決める。
　（a）希望出来上がりライン

❷今回は裾から12mmレース
　が見えるようお直しする。

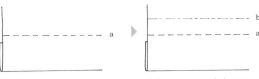

　（a）から12mm上（b）が出来上
　がりラインとなる。

❸裾端から（c）までの長さ（★）＋元の縫い代（●）
　を足した分がカットする生地分量。

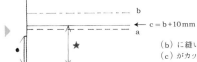

　c＝b+10mm

　（b）に縫い代 10mm をプラスした
　（c）がカットするラインとなる。

　裾をほどき（★＋●）mmの位置にラインを引きカットする。

2 ほつれ防止のために裾にロックミシンまたはジグザグミシンをかける。

3 縫い代10mm分、裾上げアイロンをかける。

4 スカートの裾まわりの長さ ＋ 縫い代20mm を足した長さのリボンを用
意する。
リボン端を中表にし、縫い代10mmで縫い合わせて、割アイロンをか
けておく。

リボン（裏）　　　　　　　　　　リボン（裏）

10mm

5 裾とリボンを中表に合わせてまち針でとめる。
生地端から5mmの位置にミシンをかけて、
リボンとスカートを固定する。

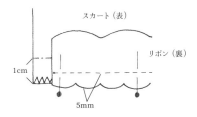

スカート（表）

リボン（裏）

1cm

5mm

6 3で折り上げておいた裾ラインを再度アイロン
でしっかり押さえる。

5mm

ミシン目

12mm
（リボンが
見える）

7 裏面から表にひびかないように裾まわりを
ぐるりと、まつり縫いで固定する。

8 仕上げにプリーツ幅に合わせてしっかり折り
アイロンをかける。

ストライプシャツ
（コットン）

〈お直し方法と材料〉

◎方法
・長袖→半袖へ
・巻きかがり >> 78p
・糸ループ
・刺しゅう
ストレートステッチ >> 76p
フレンチノットステッチ >> 76p

◎材料
・芯地
・刺しゅう糸（ENNESTE）
草木染め細糸（DMC25 6本取りの1本分の太さ） 福木グラデーション
草木染め刺しゅう糸（DMC25 6本取りの3本分の太さ）福木、藍＆ハルジオン
・伸び止めテープ（10mm幅、芯地で代用可）
・手縫い糸（糸ループ用）

サイズ：ひじ上部分がきつい

ネイビーのストライプシャツです。ひじ上がきついので、思い切って半袖にしました。半袖にあうようにカフスの幅を狭くして付け直し、タックを３カ所入れてパフスリーブのイメージに。あきみせを作り、脱ぎ着がしやすくしました。花に見えるようなボタン付けのほか、ボタンループを付けるなど、細かな要素が詰まったお直しです。定番デザインのシャツが個性的になりました。

1 半袖にしたい長さ（a）を決めて、まち針で印を付ける。
袖山から（a）までの長さを測る（●）。
●cmに縫い代1cmをプラスした寸法（2b）がカットする位置。

2 袖下の縫い目を合わせて平らに置く。
袖山から（b）の長さと袖ラインが垂直になるように定規をあてて
ラインを引く。
表・後ろの袖がズレないよう2枚一緒にカットする。
カットした部分はカフスで使うため捨てない。

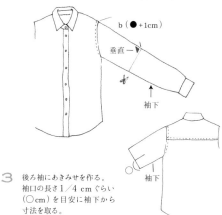

b（●+1cm）

垂直→

袖下

袖下

3 後ろ袖にあきみせを作る。
袖口の長さ1／4ぐらい
（○cm）を目安に袖下から
寸法を取る。

4 ❶袖を裏側にし、袖口のライ
ンに対して6.5cm（あきみせ分
量5.5cm＋縫い代1cm）垂直
なラインを入れる。

❷あきみせラインが伸び止め
テープの中心になるようにしっ
かりはる。

←あきみせ

（裏）

❸あきみせラインをカットする。

（裏）

0.5cm 0.5cm

5 袖を表に返す。裏面にはった伸び止めテープのラインを
ガイドにして幅0.5cmの巻きかがりをする。今回は草
木染め細糸のグラデーション糸を使用。

あきみせ先の部分：角をつけない。巻きかがり寸法は
同寸で丸みをつける。

カーブ

6 少しふっくらとしたパフスリーブにするためタックを入れる。

右袖

タックの分量はお好みで。

※ここでは分量1.5cmのタックを3つ入れているが、2〜3cmの分量
を2つにしたり、タックなしにするなどしてもいい。

タックはあきみせ側に向かって倒す。
※1cmの縫い代からはみ出さない位置で
仮ミシンをしておくと作業がしやすい。

右袖

7 カフスのパターンを作る。

❶袖口の長さ（a）→（e）の寸法を測る（▲cm）。
この長さがカフスの出来上がり寸法になる。

a   b   e

カフス幅   c わ d

▲cm

❷まわりに1cmの縫い代をプラスする。

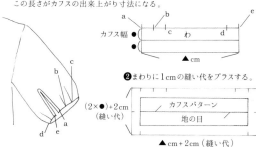

b
c
a
e
d

(2×●)+2cm
（縫い代）

カフスパターン
地の目

▲cm+2cm（縫い代）

8 2でカットした長袖部分でカフスを作る。

❶袖とカフス部分を切り離す。

❷袖下の縫い目にそってカットし、平らな布にする。

❸タックなどのしわはきれいに伸ばし、
裏面から全面に芯地をはる。

❹袖とカフスの模様が同じ向きになら
ないように注意しながら7で作ったカフ
スパターンを使って2枚カットする。

※片袖で2枚分取れない場合は、左右
で1枚ずつカットする。
※ストライプ生地の場合は柄に沿って
カットする。柄がズレないほうがきれい
に仕上がる。

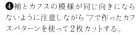

地の目

❷
❶

9 カフスを縫い付ける。

❶ 外表で2つ折りにし、軽く折り目をつける。

❷ カフスの裏面にくるほうの縫い代を出来上がりより0.2cmひかえて0.8cm折る。

e d　右カフス（裏）　c b a

0.8cmで折る

❸ 袖口の縫い代と❷で折った反対側の縫い代を中表に合わせる。
→ 袖口を1cmの縫い代で縫う。

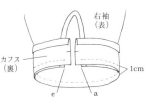

右袖（表）

カフス（裏）

1cm

e　　a

❹ カフスを中表に折って縫い代1cmで端を縫う。

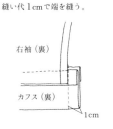

右袖（裏）

カフス（裏）

1cm

❺ 縫い代をきれいに折り込み、カフスを表に返して整える。

❻ 表からカフスと袖の縫い目に落としミシンをかける。
表カフスと裏カフスに0.2cmの差があるので、ここで2枚を縫い合わせる。
ミシン目が落ちないように、しっかりしつけをしてからミシンをかけると、きれいに縫える。

右袖

落としミシン

表カフスと裏カフスの間に0.2cmの差ができる

10 ボタンをつける。

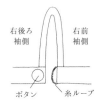

右後ろ袖側　　右前袖側

ボタン　　糸ループ

❶ ENNESTE 草木染め刺しゅう糸（藍＆ハルジオン）を使う。玉止めした糸を（C）から出し（A）に入れる。

A

D ⦿ B

C

❷ もう一度（C）から出し（B）に入れる。再び（C）から出し（D）に入れる。

❸ ❷を繰り返し、裏面で糸始末をする。

❹ ENNESTE 草木染め細糸に糸をかえる。
玉止めした糸を（A）から出し、フレンチノットステッチ（2回巻き）を刺し、もう一度（A）に針を入れる。
このとき初めに出した位置よりすこしズラす。裏面で糸始末をする。

11 糸ループを作る。

❶ ループをつける位置の裏から表に糸を出し（①）、すぐ真横裏（②）から糸を入れ、①の真横（③）から糸を出す。

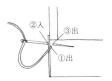

②入　　③出

①出

❷ ③で出した糸は引き締めきらず、①～②のところで輪を作る。

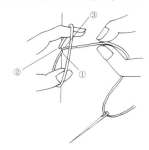

②　③

②　①

❸ 輪の間から糸を引き、❷で作った輪を引き締めて、次の輪を作っていく。

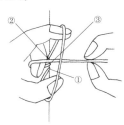

②　③

①

❹ ❷❸を繰り返して、ボタンの大きさ＋ボタンの厚み（0.1～0.2cmぐらい）を足した長さのループを作る。

❺ 最後は引っ張っていた糸を輪の中に通し、きつく引っ張る。

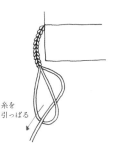

糸を引っぱる

❻ 表から裏に糸を入れ（①）、すぐ真横裏（②）から糸を出す。①の真横表（③）から糸を入れ、同じところを繰り返し縫ってしっかり固定する。最後は裏側で糸始末をする。

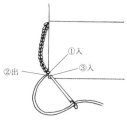

①入

②出　③入

前開きスカート
（コットン）

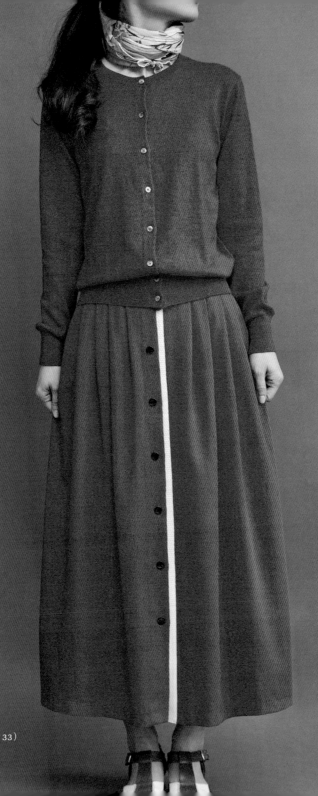

〈お直し方法と材料〉

◎方法
・ウエストのサイズ出し

◎材料
・グログランリボン
（MOKUBA #8000K 40mm幅 33）
・芯地（薄地用）

サイズ ： ウエストがきつい

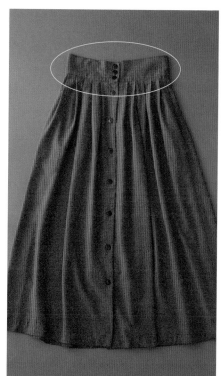 

ボタンどめの前開きスカートで共布がなかったので、グログランリボンを使って
サイズ出しをしました。鮮やかなピンク色のスカートに、レモンイエローを合わ
せて、デザインの一部として見せています。

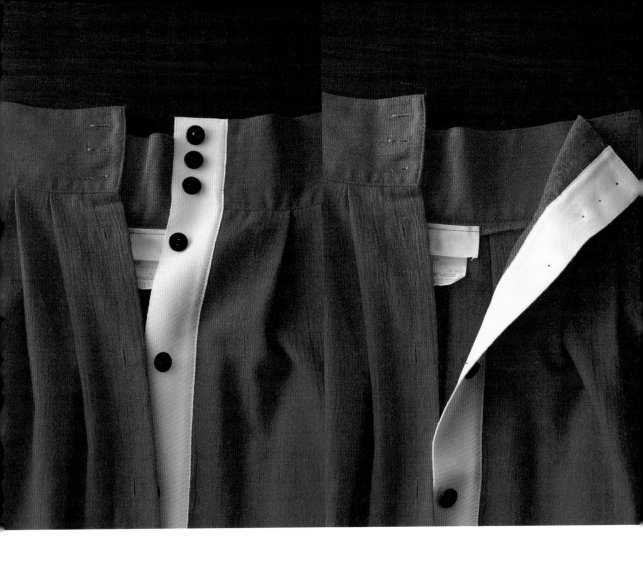

1 グログランリボンを準備する。

❶ ウエスト（a）から裾（b）までの前端の長さ×2＋10cm（縫い代＋アイロンで縮む分）の長さを用意する。
※ここでは★cmとする。

❷ グログランリボンは縮む場合があるので、使う前に必ずしっかりスチームアイロンをかける。

❸ 今回はボタン付けがあるので補強のために裏側にくる部分に芯地をはる。
※スカート生地の厚みを考えて、ここでは裏面にのみはるが、厚手生地の場合は全面にはってもOK。

グログランリボン幅 - 0.5cmの幅で1／2★cmの長さの芯地を用意する。

グログランリボンの裏半分に芯地をはる。

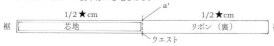

2 スカートのボタンをはずす。

3 グログランリボンを縫い合わせる。

❶ ボタンホールがあいていない左前スカートにグログランリボンを縫い付けてサイズアップする。
左前スカートの裏面の前端にリボンを重ねるために、0.5cmのガイドラインをチャコナーで印づける。

❷ グログランリボンの中心（a'）とウエスト（a）を合わせて❶で印づけした0.5cmのガイドラインにそってグログランリボン（芯地がはってある面を下に）を置き、まち針でしっかり固定する。

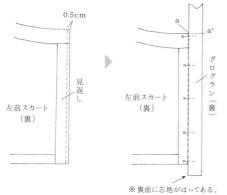

※裏面に芯地がはってある。

❸ グログランリボンの端から0.3cmのところに端ミシンをかける。裾から1.7cmあけてウエスト（a'）まで縫う。縫い終わったらスカート裾から1.5cmの縫い代を残してカットする。

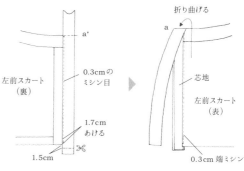

❹ スカートを表面にする。
ウエスト（a）の位置でグログランリボンを折り返し、裏面に縫い付けたグログランリボンの端に重ねるように合わせる。

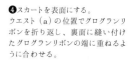

❺ ❸でカットした縫い代1.5cmの長さに合わせて、余分な長さをカットする。

❻ 裾の縫い代を内側に折り込む。

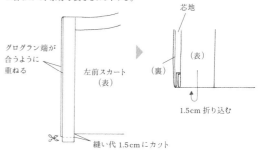

❼ グログランリボンの端に0.2〜0.3cmの端ミシンをぐるりとかける。

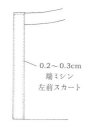

4 ボタンを付ける。

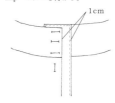

❶ 左右の前スカートをグログランリボンが平行に1cm見えるように合わせる。

❷ ボタンホールに合わせてボタンを付ける位置に印を付ける。

❸ ボタンを新しい位置に付ける。

台形スカート（裏地付き）

（コットン×リネン）

サイズ：スカート丈が短い

裏地付きの台形スカートです。ひざ丈の長さを、ひざ下25センチぐらいまで長くしたいということで、レース生地を裾に足しました。レースをプラスしたことでフェミニンで華やかな雰囲気になりました。

合わせるトップスによって、カジュアルからフォーマルまで色々な場所で着てもらえたらいいなと思っています。

1 丈出し用の生地を用意する。

❶ スカート丈を出す分量を★cmとする。裏地にレースをたたきつけるため、表地スカートと裏地スカートの差を測る（△cm）。

❷ 裏地の裾まわりを測る。
レースのギャザー分量：裾まわりの長さ×2.5。
※使う生地によって、ギャザー分量の入れ方は異なる。

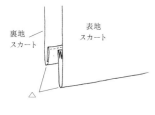

裏地スカート　表地スカート

前中心　後ろ中心
裏地裾まわり

裏地前スカートの裾まわり●cm
ギャザー分量：●×2.5
裏地後スカートの裾まわり○cm
ギャザー分量：○×2.5

❸ 生地をカットする。

（●×2.5）cm＋縫い代3cm（左右1.5cmずつ）　　（○×2.5）cm＋縫い代3cm（左右1.5cmずつ）

★cm＋△cm＋縫い代1.5cm　前レース　前中心　　　★cm＋△cm＋縫い代1.5cm　後レース　後中心

裾は切りっぱなし　　　裾は切りっぱなし

2 レースとレースを縫い合わせたり、筒状にするときは、縫い目は袋縫で始末する。

＜袋縫＞

❶ レースの横端を外表で合わせて、縫い代0.8cmで縫う。縫い代を0.4〜0.5cmに切りそろえる。

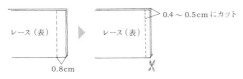

レース（表）　　レース（表）　0.4〜0.5cmにカット
0.8cm

❷ 縫い代を割りアイロンし、縫い目にそって中表に折り合わせる。

縫い代0.4〜0.5cm
レース（裏）

❸ 中表のまま縫い代0.7cmで縫う。

レース（裏）

❹ レース生地を広げて縫い代は片倒しにして、アイロンをしっかりかけておく。

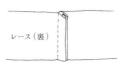

レース（裏）
0.7cm

3 スカートの裏地に右脇（△）、前中心（◎）、左脇（▲）、後ろ中心（●）の4箇所に印をつける。
筒状にしたレース生地にも右脇△'、前中心◎'、左脇▲'、後ろ中心●'の印をつける。ギャザーを縫い合わせるときの目安になる。

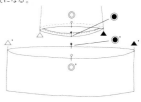

4 レースにギャザーをよせる。

❶ 表レーススカート、後ろレーススカートそれぞれの縫い代に粗目でミシンを2本、直線縫いする。1本目は生地端から0.5cm、2本目は生地端から1cmのところにミシンをかけ、縫い始めと縫い終わりは10〜15cmほどの糸を残す。返し縫いはしない。

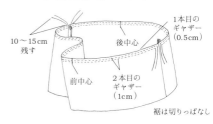

10〜15cm残す　前中心　後中心　1本目のギャザー（0.5cm）　2本目のギャザー（1cm）　裾は切りっぱなし

❷ ギャザーをよせるときは、2本の下糸を同時に引く。

5 ここではすでに始末されている元の裏地スカートに縫い付ける。

❶ 裾から1.5cmのところに印をつける。
レースの端が1.5cmのラインにくるように合わせ、❸で印をつけたそれぞれの右脇（△）、前中心（◎）、左脇（▲）、後ろ中心（●）を合わせる。

裏地　1.5cm

❷ 裏地の裾まわり寸法に合うように、レースのギャザー分量を均等に整える。
目打ちなどでギャザーをきれいに整えながら1.2cmのところに普通目でミシンをかける。

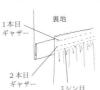

1本目ギャザー　裏地　2本目ギャザー　ミシン目

❸ 表地を整えギャザーバランスを確認する。

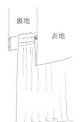

裏地　表地

Stitch

Stitch

ストレートステッチ

①出
②入

ランニングステッチ

②入
③出
①入

③出

②〜③を繰り返す。

バックステッチ

出
①
③出　　②入

③
⑤出
①
④入

アウトラインステッチ

①出
③出
②入

③
⑤出
④入

ダブルクロスステッチ

⑤出　④出
①出
③出　　②入

⑦出　　⑧入
⑥入

フレンチノットステッチ
（2回巻き）

1

①出

糸を2度
かける。

2

②入
①出

2度かけた糸を指で押さえ、
①出の真横②に入れる。

3

糸を引き締める。

サテンステッチ

1
①出
2〜3針すくう。

2
③出　　②入
幅が広い所から刺すとバランスが取りやすい。

3

4
②´入
①´出
③´出

フィッシュボーン
ステッチ

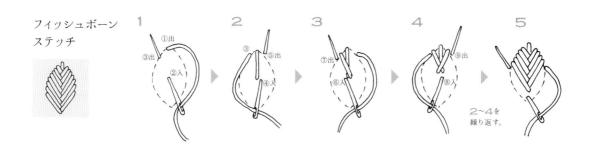

1
①出
③出
②入

2
③
⑤出
④入

3
⑦出
⑥入

4
⑨出
⑧入

5
2〜4を
繰り返す。

Stitch

チェーンステッチ

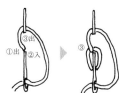

レゼーデージーステッチ

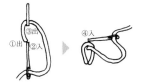

レゼーデージーステッチ + ストレートステッチ

バリオンローズステッチ

バリオンステッチをバラの花のように刺すステッチ。

1　表面に針を出し（①出）ス
　　テッチの長さ分の布をすくい
　　（②入）、①と同じところから
　　糸を出す（③）。
　　針は抜ききらず（①②の長さ
　　より少し長めに）針先に糸を
　　巻く。

2　巻きつけた部分がくずれない
　　ように指で押さえながら針を
　　引き抜く。

3　糸を引き締めてたるみをなく
　　し、手前に倒し、②と同じ針
　　穴（④）に入れて止める。

スミルナステッチ

1　右から左に針を入れ（①）半
　　目分の長さを左に出す（②）。

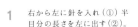

2　ループをカットするときは１で
　　できた糸端を表に出したまま
　　糸が抜けないように指で押さ
　　え、針を右から入れて（③）、
　　半目分の長さを左に戻し（④）、
　　糸を止める。

3　ループを作って針を右から入れ
　　て（⑤）半目分左に戻す（⑥）。

4　２と同じように針を右から入
　　れて（⑦）、半目分の長さを左
　　に戻し（⑧）、糸を止める。

5　これを繰り返し１段目を刺す。
　　ループのままにしたい場合は、
　　ループの大きさを揃えるよう
　　にする。ここではループをカット
　　してフリンジのようにするので、
　　ループの大きさに大小があって
　　もカットするときに長さを整えら
　　れるので気にしない。

6　１段目と２段目は隙間を作ら
　　ずに、２段目、３段目も同じ要
　　領で刺していく。

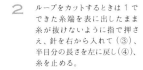

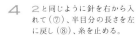

Stitch

まつり縫い

 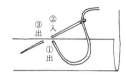

1 縫い代の裏から表に針を出し（①）、斜め上の表布を少しすくう（②）。

2 3〜5mm先の縫い代の表に針を出す（③）。

3 繰り返す。

※たてまつり縫いのときには、1の②で真上の表布を少しすくう。

巻きかがり

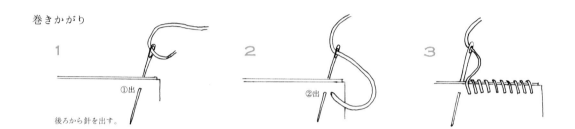

1 後ろから針を出す。

①出

2

②出

3

〈 生地裏での糸端の始末の仕方 〉

糸端を裏側の針目3〜4目ぐらいくぐらせ、糸がたるまないように引いてからカットする。刺し始めの糸端も裏側へ渡し、同様の始末をする。

〈 図案の写し方 〉

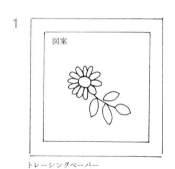 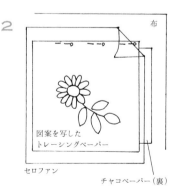

1 図案

トレーシングペーパー

図案の上にトレーシングペーパーを重ねて鉛筆かペンで写す。

2 布

図案を写したトレーシングペーパー

セロファン

チャコペーパー（裏）

布（刺しゅうをする面）を上にして布と図案を写したトレーシングペーパーをまち針で固定する。その間にチャコペーパー（色のつく面を下に）を挟み込む。

3 直接なぞると図案が破れることがあるので、セロファンをのせてトレーサーやボールペンで図案線をなぞる。

※チャコペーパーや水で消えるマーカーで写した場合、アイロンをかけると消えることがあるので注意。

ダーニング

ダーニングエッグやダーニングマッシュルームを使って穴あきや擦り切れた所を修繕する方法。縦糸と横糸を使って織物のように繕う。

ダーニングエッグの使いかた

衣類の裏側から修繕したい部分にあて、布地でダーニングエッグをくるむようにしっかり握り、布を張って使う。

1

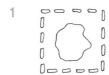

繕いたい穴よりもひと回り大きくダーニングする。水で消えるチャコペンを使って、形や大きさをマーキングしておくと縦糸 / 横糸を通すときの目安になる。

※チャコペンが使いにくい場合には、ランニングステッチで輪郭を取る。

2

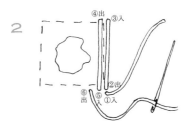

縦糸を通す。糸端は玉止めせず10cmぐらい残しておく。マーキングした輪郭の少し外側を小さく1目すくって（①②）縦方向に糸を渡す（③）。右から左へ1目すくって糸を引き（④）、縦方向に糸を渡す（⑤）。横糸を通しやすくするため、糸と糸の間隔は使っている糸1本分くらいあける。

3

終わりの糸端も玉止めせず10cmぐらい残す。

4

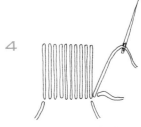

横糸を通す。縦糸の右角を右から左へ1目すくう。糸端は玉止めはせずに10cmぐらい残す。

5

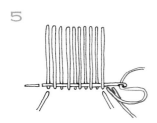

縦糸の1本目をくぐらせ、1本おきに交互に縦糸をくぐらせながら横糸を通していく。最後は左端の生地を右から左に1目すくい糸を引く。同じ方向から糸を通すように180度生地を回転させ、同様に横糸を通していく。

※横糸を通す際、糸が割れやすい時は針穴側から通す。

6

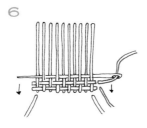

数段ごとに針先を使って織り目を整え、しっかり詰めていく。

7

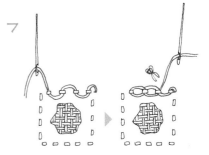

糸の刺し始めと刺し終わりの始末をする。糸端を裏側に出し、裏の縫い目に4、5目ほどくぐらせたら、同じ所を2、3目戻し、糸をカットする。

8　仕上げにスチームアイロンを軽くあて、織り目をなじませる。

藤本 裕美

HIROMI FUJIMOTO

愛知県出身。2004年渡仏。パリのAcademie Internationale de Coupe de
Parisで Diplomを取得後、CHANEL、GIVENCHY、MARTIN GRANT
などのアトリエでモデリストとしての経験をつむ。クチュリエの手作業に魅了
され、刺繍やフラワーアートに興味を持つ。2014年、Ecole Lesage にてリュ
ネヴィル刺繍を習得後、本格的にオーダードレスの制作を始める傍ら、
刺繍、コサージュのアクセサリーも手がける。現在は、リュネヴィル刺繍
やコサージュのワークショップを開催するなど活躍の場を広げる。著書に
『普段使いが可愛い小さな布花コサージュ』『刺しゅうでお直し』『図案の
いらない可愛い刺しゅう』(産業編集センター)がある。

https://www.hiromifujimoto.com/

協力：Café Lisette 自由が丘店

フレンチシックな
サイズとダメージのお直し

2021年9月15日　第一刷発行

著者	藤本裕美
写真	福井裕子
図案・工程イラスト	藤本裕美
モデル	内田美保
スタイリング	平真実
ブックデザイン	白石哲也（Fält）
編集	福永恵子（産業編集センター）

発行　　株式会社産業編集センター
　　　　〒112-0011東京都文京区千石4-39-17

印刷・製本　　株式会社シナノパブリッシングプレス